CATALOGUE

DES LIVRES

COMPOSANT LA BIBLIOTHÈQUE

DE FEU M. ALEXANDRE MARTIN,

Ancien ministre de France au Mexique et à Hanovre,

Dont la vente se fera les Jeudi 8, Vendredi 9 et Samedi 10 Mai 1851,

A MIDI,

RUE NEUVE-DU-LUXEMBOURG, 41,

Par le ministère de Me MASSE, commissaire-priseur,
rue Notre-Dame-des-Victoires, 40.

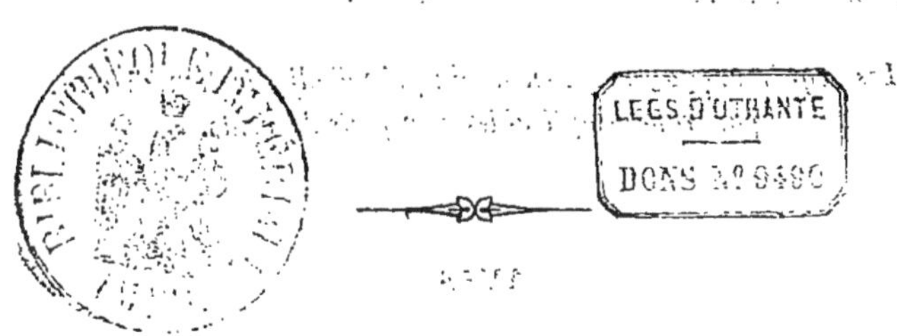

PARIS.

J.-F. DELION, LIBRAIRE, SUCCESSEUR DE R. MERLIN,
QUAI-DES-AUGUSTINS, No 47.

1851.

ORDRE DE LA VENTE.

PREMIÈRE VACATION, *Jeudi* 8 Mai 1851.

N°s 1 à 54
146 à 218

DEUXIÈME VACATION, *Vendredi* 9 Mai.

N°s 219 à 275
55 à 106

TROISIÈME VACATION, *Samedi* 10 Mai.

N°s 276 à 300
107 à 145

On vendra par lots, au commencement de cette troisième vacation, environ trois cents volumes d'histoire ou de littérature que le temps n'a pas permis d'insérer dans ce Catalogue.

Les acquéreurs payeront, en sus du prix d'adjudication, 5 cent.
par franc, applicables aux frais de vente.

AVIS.

Les livres vendus devront être collationnés sur place, dans les vingt-quatre heures de l'adjudication. Passé ce délai, ou une fois sortis de la salle de vente, ils ne seront repris pour aucune cause.

Les articles au-dessous de 12 fr. ne seront admis à rapport que dans le cas où ils seraient incomplets par enlèvement de feuillets ou de portions de feuillets emportant du texte; ils ne seront pas repris pour taches, mouillures, déchirures, piqûres ou autres défectuosités.

PARIS, IMPRIMERIE DE W. REMQUET ET Cie,
rue Garancière, 5, derrière St-Sulpice.

CATALOGUE

DES LIVRES

COMPOSANT LA BIBLIOTHÈQUE

DE FEU M. ALEXANDRE MARTIN.

THÉOLOGIE.

PAGANISME. — CHRISTIANISME, etc.

1. Scriptores rerum mythicarum latini tres Romæ nuper reperti, edidit G. H. Bode. *Cellis*, 1834, in-8, 2 tom. en 1 vol., dem. v.

2. Die heilige Sage und das gesammte Religionssystem der alten Baktrer, Meder und Perser, oder des Zendvolks, von J. G. Rhode. *Frankf. a. M.,* 1820, in-8, dem. v. f.

3. Alkuna. Nordische und nordslawische Mythologie, von G. Th. Legis. *Leipzig,* 1831, in-8, fig., dem. v. ant.

4. Die Edda, nebst einer Einleitung über nordische Poesie und Mythologie, von Fr. Ruchs. *Berlin,* 1812, in-8, bas.

---

5. Handbuch der theologischen Literatur, von W. Dav. Fuhrmann. *Leipzig,* 1818, in-8, 3 tom. en 2 vol., dem. v.

6. La Sainte Bible, trad. par de Genoude. *Paris, Lecoffre,* 1843, gr. in-18, 2 vol., dem. mar. rou.

7. Les confessions de S. Augustin, trad. par Léonce Saporta, *Paris, Royer,* 1844, gr. in-18, dem. v.

8. Allgemeines Lexicon der Religions – und christlichen Kirchengeschichte für alle Confessionen, von Ch. Got. Neudecker. *Ilmenau,* 1834, in-8, 5 vol., dem. v.

9. Geschichte der christlich – kirchlichen Gesellschafts-Verfassung, von Planck. *Hannover,* 1803, in-12, 6 vol., dem. rel.

10. Handbuch der christlichen Kirchengeschichte, von J. E. Chr. Schmidt. *Giessen,* 1824, in-8, 6 vol., cart.

11. Handwœrterbuch der christlichen Religions – und Kirchengeschichte, von W. D. Fuhrmann. *Halle,* 1828, in-8, 3 vol., dem. v. f.

12. Hildebrand als Papst Gregorius der Siebente und sein Zeitalter, von J. Voigt. *Wien,* 1819, in-8, 2 tom. en 1 vol., dem. v. f.

13. Geschichte des Tempelherrnordens, von W. F. Wilcke. *Leipzig,* 1826, in-8, 3 vol., dem. rel.

14. Keïzer-Lexicon, aus dem Franz. übersetzt von P. Fritz. *Würtzburg,* 1828, in-8, 3 vol., dem. v.

15. Geist aus Luther's Schriften, von W. Lomler, Lucius, E. Zimmermann, etc. *Darmstadt,* 1828, in-8, 4 vol., dem. v. f.

––––––––––

16. Législation orientale, par Anquetil du Perron. *Amst.,* 1778, in-4, dem. v.

17. Der Coran, übersetzt von S. Fr. Günther Wahl. *Halle,* 1828, in-8, dem. v.

18. Mythologie des Indous, travaillée par la chan. de Polier sur des mss. authentiques apportés de l'Inde. *Paris, Schœll,* 1809, in-8, 2 vol., dem. rel.

19. Joh. Arn. Kanne's System der indischen Mythe. *Leipzig,* 1823, in-8, cart.

SCIENCES NATURELLES, PHILOSOPHIQUES ET MORALES.

20. Kosmos. Entwurf einer physischen Weltbeschreibung, von Alex. von Humboldt. *Stuttgart, Cotta,* 1845, in-8, 2 vol., br.

21. Wœrterbücher der Naturgeschichte in der deutschen, hollændischen, dænischen, schwedischen, englischen, franzœsischen, italienischen, spanischen und portugisischen Sprache, von Phil. Andr. Nemnich. *Hamburg, s. a.,* in-4, dem. v.

22. Allgemeines Polyglotten-Lexicon der Natur-Geschichte mit erklærenden Anmerkungen, von Phil. And. Nemnich. *Hamburg,* 1795, in-4, 1 tom. en 2 vol., dem. v. f.

23. Dictionnaire des sciences naturelles. *Paris, Levrault,* 1816-30, 60 vol. — Supplément. Biographie. *Paris, Hachette,* 1845, 1 vol. — Planches, 12 vol., ens. 73 vol., dem. mar. bleu du lev.

24. Lettres sur les révolutions du globe, par Alex. Bertrand, *Paris, Tessier*, 1845, in-8, fig., dem. v. f.

25. Description géologique du départ. de la Seine Inférieure, par M. Ant. Passy. *Rouen*, 1832, gr. in-4, fig., dem. mar. vert.

26. Véritable guide des agriculteurs, par Dezeimeris. *Paris, Dusacq*, 1847. — Conseils aux agriculteurs, par le même. *Ib*. 1848. — Culture des plantes potagères en France, par V. Paquet. *Ib*. 1846. — Traité de la conservation des fruits, par le même. *Ib*. 1844, gr. in-18, 4 vol., dem. v. rose.

27. Theorie der Gartenkunst, von L. Hirschfeld. *Leipzig*, 1779, in-4, fig., 3 vol., dem. rel.

28. Annales de la Soc. d'Horticulture de Paris. *Paris, Bouchard-Huzard*, 1844-50 (tom. 35-41), in-8, fig., 7 vol., dem. v.

29. Journal d'horticulture pratique, ou guide des amateurs et jardiniers, publ. par M. Scheidweiler. *Bruxelles, Parent*, 1844-50, gr. in-18, fig. color., 7 vol., dem. v. rose.

30. Revue horticole, publ. par MM. Poiteau, Vilmorin, etc. *Paris, Dusacq*, 1844-50, in-18, fig. color., 7 vol., dem. v. bl.

31. Flore des plantes et des Jardins de l'Europe, publ. en allem., en franç. et en angl. et rédigée par Lemaire, Scheidweiler et Van Houtte. *Gand, Van Houtte*, 1845-49, pet. in-4, fig. color., 5 vol., dem. mar. roū.

Il manque le titre du tome 5.

32. Essai d'Hygiène générale, par Motard. *Paris*, 1841, in-8, 2 vol., dem. v.

33. Allgemeines Handwœrterbuch der philosophischen Wissenschaften nebst ihrer Literatur und Geschichte, von W. T. Krug. *Leipzig*, 1832, in-8, 4 vol., cart.

34. Lehrbuch der Geschichte der Philosophie, von J. G. Buhle. *Gœttingen*, 1796, pet. in-8, 8 vol., cart.

35. The works of Francis Bacon. *London*, 1803, in-8, 10 vol., v. gr.

36. Essais de Messire Michel de Montaigne. Livre premier et second. *Bourdeaux, S. Millanges*, 1580, pet. in-8, parch.

Bel exemplaire de l'édition originale.

1.

37. Essais de Montaigne. *Paris, Desoer,* 1818, in-18, 4 vol., dem. mar. n. rog.

38. A complete collection of english Proverbs, by J. Ray. *London,* 1737, in-8, dem. v.

39. Refranes ó proverbios en romance, que coligió y glosso Hern. Nuñez; y la filosofia vulgar de Juan de Mal Lara. *Madrid,* 1619, in-4, parch.

LINGUISTIQUE.

40. Dictionnaire grec-français, par Planche. *Paris,* 1824, in-8, parch.

41. Dictionnaire étymologique de la langue française, par de Roquefort. *Paris,* 1829, in-8, 2 vol., dem. rel.

42. Dictionnaire de l'Académie française. *Paris,* 1835, in-4, 2 vol., v. ant.

43. Dictionnaire français-italien et italien-français, par Buttura. *Paris,* 1832, in-8, 2 vol., dem. v.

44. Diccionario de la lengua castellana, compuesto por la Academia española. *Madrid,* 1726, in-fol., 6 vol., bas.

45. A dictionary of the english language, by Sam. Johnson. *London, F. Westley,* 1834, gr. in-8, cart. en percal.

46. Bailey-Fahrenkrüger's Wœrterbuch der englischen Sprache, herausgeg. von Ad. Wagner. *Jena,* 1822, in-8, 2 vol., dem. rel.

47. An etymological dictionary of the scottish language, by John Jamieson. *Edinburgh,* 1818, in-8, dem. rel.

48. Dictionnaire étymologique et comparatif des langues teuto-gothique, par H. Meidinger. *Frankf. a. M.,* 1833, gr. in-8, dem. rel.

49. Grammatisch-kritisches Wœrterbuch der hochdeutschen Mundart, von J. Chr. Adelung. *Leipzig,* 1793, in-4, 4 vol., vél. — Beiträge zur Berichtigung des Adelung'-schen gramm.-krit. Wœrterbuchs, von Soltau. *Leipzig,* 1806, in-4, cart.

50. Wœrterbuch der deutschen Sprache, herausgeg. von Joa. H. Campe. *Braunschweig,* 1807, gr. in-4, 6 vol., dem. v.

51. Dictionnaire allemand-français et français-allemand, par Mozin et Biber. *Stuttgart,* 1826, gr. in-4, 4 tom. en 3 vol., dem. rel.

52. Wœrterbuch der deutschen Sprache in Beziehung auf Abstammung und Begriffsbildung, von Konr. Schwenck. *Frankf. a. M.*, 1834, in-8, dem. v.

53. Vergleichung der Sprachen von Europa und Indien, von F. W. Eichhoff. *Leipzig*, 1840, gr. in-8, cart.

54. Grammaire égyptienne, par Champollion le Jeune. *Paris, F. Didot*, 1836, in-fol., br. en 3 livr.

LITTÉRATURE.

I. ROMANS ET FACÉTIES.

55. Atala. René. Les aventures du dernier Abencerage, par de Châteaubriand. *Paris, Ladvocat*, 1827, in-12, 2 vol., dem. mar. rou., n. rog.

56. OEuvres de Geo. Sand. *Paris, Perrotin*, 1842, gr. in-18, 16 vol., dem. mar. rou.

57. Romans de Mad. de Cubières. *Paris*, 1839, in-8, 8 vol. dem. rel.

58. Don Quijote..., publ. por D. Aug. Garcia de Arrieta. *Paris, Bossange*, 1826, in-32, 8 vol., dem. mar.

59. Don Quijote de la Mancha, por Mig. de Cervantes, edicion en miniatura. *Paris, J. Didot*, 1827, in-18, fig., mar. vert, dor. à mosaïque, tr. dor. dans un étui.

60. The history of Tom Jones, by H. Fielding. *London, Cochrane*, 1834, gr. in-18, 2 vol., rel. en percal.

61. Walter Scott's Novels. *Edinburgh, Cadell*, 1833, in-18, fig. 0 vol., rel. en percal.

62. The Smuggler, a tale. *London, Colburn*, 1831, in-8, 3 vol., cart.

63. The life and adventure of Martin Chuzzlewit, by Ch. Dickens. *London, Chapman*, 1844, in-8, fig., pap. vél., rel. en percal.

64. Now and then, by Sam. Warren. *London, W. Blackwood*, 1848, in-8, cart. à l'angl.

65. Vanity fair, a novel without a hero, by Will. Makepeace Thackeray. *London, Bradbury*, 1848, gr. in-8, pap. vél., fig. sur bois, rel. en percal.

66. Capricciosi e piacevoli Ragionamenti di Pietro Aretino, con la Puttana errante. *Cosmopoli (Holl., Elzev.)*, 1660, pet. in-8, v.

II. POÉSIE.

67. Vom Geist der ebræischen Poesie, von Herder. *Leipzig*, 1787, in-8, 2 tom. en 1 vol., dem. rel.

68. Virgilii opera, notis illustravit C. Ruæus. *Paris.*, 1682, in-4; v.

69. Virgilius, 2 vol. — Horatius, 1 vol. — Tacitus, 5 vol., edidit Amar. *Paris, Lefevre,* 1826, in-32, 8 vol., dem. v.

70. Q. Horatius, cum scholiis Joh. Bond. *Paris*, 1806, in-8, dem. v. ant.

71. OEuvres de P. Lebrun. *Paris, Perrotin*, 1844, in-8, 2 vol., dem. mar. bl. du lev.

72. OEuvres complètes de P. J. de Béranger. *Paris, Perrotin*, 1848, gr. in-8, fig. sur pap. de chine. 2 vol. en 56 livr.

73. Floresta de rimas antiguas castellanas, ordenada por D. Juan Nic. Bœhl de Faber. *Hamburgo*, 1821, in-8, 3 vol., dem. rel.

74. Versos que escrivó D. Luis de Ulloa Pereira, sacados de algunos de sus borradores. *Madrid*, 1659, pet. in-4, dem. mar. rou.

75. The lives of the most eminent english poets, by S. Johnson. *London*, 1790, in-8, 4 vol., cart.

76. The Canterbury tales of Chaucer completed in a modern version. *Oxford*, 1795, pet. in-8, 3 vol., v. gr.

77. The complete works of Lord Byron. *Paris, Baudry*, 1825, in-8, 7 vol., dem. v. bl. — Historical illustrations of the fourth canto of Childe Harold, by J. Hobhouse. *London, J. Murray*, 1818, in-8, dem. v. bl.

78. The works of Lord Byron. *Paris, Galignani*, 1826, in-18, pap. vél., 13 vol., dem. v. n. rog.

79. Italy, a poem, by Sam. Rogers. *London, T. Cadell*, 1830, in-8, pap. vél., jol. vignettes, mar. vert du lev., fil. tr. dor.

80. Leon. Meister's Characteristik deutscher Dichter, mit Bildnissen, von H. Pfenninger. *S. Gallen*, 1789, in-8, 2 tom. en 1 vol., dem. v. f.

81. Deutschlands Originaldichter. *Hamburg*, 1774, in-12, 4 vol., dem. v.

82. Das Lied der Nibelungen, metrisch übersetzt von J. Gust. Busching. *Altenburg*, 1815, in-8, dem. v. f.

83. Poetische Werke von Joh. Peter Uz. *Wien*, 1804, gr. in-4, pap. vél., 2 vol., v. fil.

84. Volkslieder der Serben, von Calvi. *Halle*, 1835, in-8, 2 tom. en 1 vol., dem. v.

85. Kœniginhofer. Handschrift - Sammlung altbœhmischer lyrisch-epischer Gesænge, nebst andern altbœhmischen Gedichten, herausg. von Wenc. Hanka, verteutscht und mit einer Einleitung versehen von Wenc. Aloys Swoboda. *Prag*, 1829, in-8, dem. rel.

86. Mahmud Schebisteri's Rosenflor des Geheimnisses, persisch und deutsch herausg. von Hammer-Purgstall. *Pesth*, 1838, in-4, fig., cart.

87. Geschichte der schœnen Redekünste Persiens, mit einer Blüthenlese aus zweihundert persischen Dichtern, von Jos. von Hammer. *Wien*, 1818, in-4, dem. v.

III. ART DRAMATIQUE. — MÉLANGES LITTÉRAIRES.

88. Ueber dramatische Kunst und Literatur, von A. W. von Schlegel. *Heidelberg*, 1817, in-8, 3 vol. dem. v.

89. Ideen zu einer Mimik, von J. J. Engel. *Berlin*, 1785, pet. in-8, fig., 2 vol., dem. rel.

90. Tragédies de Sophocle et d'Aristophane, trad. par Artaud. *Paris*, 1827-30, in-32, 9 vol., dem. v. rose.

91. M. A. Plauti Comœdiæ. *Glasguæ, Foulis*, 1763, in-12, 3 vol., v. f., fil. tr. dor. Réglés.

92. Proverbes dramatiques, par Théod. Leclercq. *Paris*, 1828-33, in-8, 9 vol., dem. rel.

93. Teatro español anterior á Lope de Vega. *Hamburgo*, 1832, in-8, dem. rel.

94. Autos sacramentales alegoricos y historiales de D. Ped. Calderon de la Barca. Obras posthumas que saca á luz D. Ped. de Sando y Mier. *Madrid*, 1717, in-4, 6 vol., parch.

95. Las comedias de D. Pedro Calderon de la Barca, dadas á luz por Juan Jorge Keil. *Leipsique, Fleischer*, 1827, pet. in-4, 4 vol., dem. mar. rou.

96. A select collection of old plays, with notes, by Is. Reed, Gilchrist, etc. *London*, 1826, in-8, 12 vol., dem. mar. rou.

97. The Plays of Will. Shakspeare, with the illustrations of various commentators, and the notes of Sam. Johnson and Geo. Steevens, by Is. Reed. *London, Baldwin*, 1803, in-8, portraits, 21 vol., v. fil. — The poems of W. Shakspeare, with a glossary. *London, w. y.*, in-8, v. fil. — Essays

on some of Shakspeare's dramatic characters, by Will. Richardson. *London*, 1798, in-8, v. fil.

98. The plays of W. Shakspeare. *London*, *Willingham*, 1805, in-32, 9 vol., v. rac.

99. The same, with a glossary. *London*, *T. Tegg*, 1827, in-12, cart.

100. A glossary, or collection of words, phrases, names, proverbs, etc., which have been thought to require illustration in the works of english authors, particularly Shakspeare and his contemporains, by Rob. Nares. *Stralsund*, 1825, in-8; d. rel.

101. Quellen des Shakspeare, in Novellen, Mærchen und Sägen, herausg. von Th. Echtermeyer, L. Henschel, etc. *Berlin*, 1836, in-12, 3 vol., cart.

102. The dramatic Works of John Ford. *London*, *J. Murray*, 1831, in-18, 2 vol., dem. mar. rou.

103. Cours de littérature grecque, par Planche. *Paris*, 1827, in-8, 7 vol., dem. v. f.

104. Nouveaux mélanges de littérature et de philosophie, par Fr. Ancillon. *Paris*, 1817, in-8, 2 vol., dem. v.

105. Miscellaneen der bœhmischen und mæhrischen Litterature, Seltener Werke, und Verschiedener Handschriften herausg. von F. Prochaska. Erster Band. *Prag*, 1784, in-8, cart.

106. Mines de l'Orient, exploitées par une société d'amateurs, sous les auspices du comte Venc. Rzewusky. *Vienne*, *Schmid*, 1809-18, in-fol., fig., 6 vol., dem. v.

BEAUX-ARTS.

ARCHÉOLOGIE ARTISTIQUE. — LIVRES A FIGURES.

107. Allgemeine Theorie der Schœnen Künste, von J.-G. Sulzer. *Leipzig*, 1790, in-8, 4 vol., dem. rel.

108. Winckelmann's Werke, herausg. von C.-L. Fernow. *Dresden*, 1808, in-8, 8 vol., dem. rel.

109. El museo pictorico y escala optica, theorico de la pintura di D. Ant. Palomino. *Madrid*, 1715, in-fol., fig., 2 vol., parch.

110. Storia pittorica della Italia dell'abb. Luigi Lanzi. *Bassano*, 1809, petit in-4, 6 tom. en 3 vol., dem. v.

111. Opere di Georgio Vasari, pittore e archit. aretino. *Firenze, Audin*, 1822, in-8, fig., 6 vol., dem. rel.   20

112. Le pitture di Masaccio esistenti in Roma nella Basilica di San Clementi, publ. da Giov. dalle Armi. *Roma*, 1809, in-fol., max. cart.   6

113. Peintures des manuscrits, depuis la fin du viiie siècle jusqu'à la fin du xvie, publ. par M. le comte de Bastard. In-fol., max., liv. 1 à 20.   1800

114. Le couronnement de la sainte Vierge et les miracles de saint Dominique, tableau de Jean de Fiesole, publ. en 15 pl., par Guil. Ternite, avec une notice, par A.-G. de Schlegel. *Paris*, 1817, gr. in-fol. cart.   3

115. Zweites Verzeichniss der Gemælde-Sammlung des Freih. v. Speck-Sternburg. *Leipzig*, 1837, in-4, fig., dem. mar. viol.   5·50

116. Monogrammen-Lexikon, von Jos. Heller. *Bamberg*, 1831, in-8, dem. v.   3·75

117. Geschichte der Holzschneidekunst, von den ælltesten bis auf die neuesten Zeiten, von Jos. Heller. *Bamberg*, 1823, in-8, fig. sur bois, dem. rel.   5·25

118. Genius, Imagination, Phantasie, ein Bilder- und Sonnetten-Kranz, von J.-H. Ramberg und Minna Witte. *Hannover*, 1834, in-4, fig., br.   1·25

119. Sujets de l'Iliade et de l'Odyssée d'Homère, gravés d'après Flaxman, par B. Schüler. In 4 obl. cart.   2

120. Les tragédies d'Eschyle, Recueil de 16 planches, grav. au trait par Flaxman. In-4 obl. cart.   2·50

121. Compositions de J. Flaxman concernant la Divine Comédie de Dante (avec un texte ital., allem., franç. et anglais). *Carlsruhe, s. d.*, petit in-4, obl. cart.   8·50

122. Umrisse zu Gœthe's Faust, von Retzsch. *Stuttgart*, 1830, in-4, obl. cart.   4

123. Sechszehn Umrisse zu Schiller's Kampf mit den Drachen, von Retzsch. *Stuttgart*, 1824, in-4, obl. cart.   2·50

124. Lieder eines Malers mit Randzeichnungen seiner Freunde. *Düsseldorf*, 1838, in-4, fig., cart.   9

125. Schiller's Lied von der Glocke, mit Umrissen, von Mor. Retzsch. *Stuttgart*, 1833, in-4, obl., fig., cart.   3

126. Nuova raccolta di cinquanta Costumi de'Contorni di Roma, disegnati ed incisi da B. Pinelli. *Roma*, 1823, in-fol., obl. cart.   14

127. Costumi diversi inventati ed incisi da Bart. Pinelli, in-25 tavole. *Roma*, 1822, gr. in-fol., obl. cart.

128. Die Baukunst nach den Grundsætzen der Alten, von A. Hirt. *Berlin*, 1809, gr. in-fol., 2 vol., dont atlas, dem. mar. rou.

129. Die Geschichte der Baukunst bei den Alten, von A. Hirt. *Berlin, Reimer*, 1821, in-4, 3 vol. et atlas, gr. in-fol., 2 vol., dem. mar. rou.

130. Architecture de Philibert de l'Orme. *Rouen*, 1648, in-fol., fig., v. br.

131. Vues et perspectives de Versailles, de Paris et de ses monuments, et autres lieux des environs, par Perelle. In-4, obl., parch.

132. Les plans, profils et élévations des ville et château de Versailles, levés en 1714 et 1715. *Paris, Demortain*, s. d., gr. in-fol., v. m.

133. Vues de Provins, dessinées et lithogr. en 1822, avec un texte, par D. *Paris, Gide*, 1822, gr. in-4, fig., dem. mar. bl. non rog.

134. La Normandie, par Jules Janin, illustrée par Morel-Fatio. *Paris, E. Bourdin*, s. d., gr. in-8, dem. mar. du lev.

135. La Bretagne, par Jules Janin, illustrée par Bellangé. *Paris, E. Bourdin*, s. d., gr. in-8, dem. mar. du lev.

136. Amalthea oder Museum der Kunst-Mythologie und bildlichen Alterthumskunde, von C.-A. Bœttiger. *Leipzig*, 1820, in-8, fig., 3 vol., dem. rel.

137. Iconographie grecque et romaine, par Visconti. *Paris, Didot A.*, 1811, in-4, 7 vol. et atlas, gr. in-fol., 2 vol., dem. mar. rou. n. rog.

138. Eine Urkunde vom Adel der von Hohenstaufen und der Kunstbildung ihrer Zeit, historisch und artistisch dargestellt von Bern. Hundeshagen. *Bonn*, 1832, in-fol., fig., cart.

139. Dædalus und seine Statuen, ein pantomischer Tanz, herausg. von A. Hirt. *Berlin*, 1802, in-4, fig. color., cart.

140. Collection d'ouvrages sur les antiquités et l'architecture, gravés et publ. par les frères Piranesi. *Paris, F. Didot*, 1835, 29 tom. en 26 vol. in-fol. max. cart.

141. Ruinen und Ueberbleibsel von Athen, herausg. von Rob. Sayer. *Augsburg*, 1782, in-fol., fig., cart.

142. The topography of Troy and its vicinity illustrated and explained by drawings and descriptions, by W. Gell. *London*, 1804, gr. in-fol., fig. color., dem. v. n. rog.

143. Der Tempel der Diana zu Ephesus, von A. Hirt. *Berlin*, 1809, in-4, fig., cart.

144. Description de l'Egypte. *Paris, I.-I.*, 1809-28, in-fol., 9 vol. de texte, et atlas, 14 vol. in-fol. max. dem. mar. rou.

145. Monuments de l'Égypte et de la Nubie, d'après les dessins exécutés sous la direction de Champollion le jeune. *Paris, F. Didot*, 1835-44, in-fol. max., 52 liv. — Notices descriptives, 2 livr. in-fol.

HISTOIRE LITTÉRAIRE.

146. Geschichte der Künste und Wissenschaften, von ihrer Wiederauflebung bis auf die neuesten Zeiten, von J.-D. Fiorillo. *Gœttingen*, 1798, in-8, 5 vol., dem. rel.

147. Anleitung zur Geschichte der classischen Literatur der Griechen und Rœmer, von W. D. Fuhrmann. *Rudolstadt*, 1816, in-8, 2 vol., dem. v.

148. Geschichte der Litteratur, von J.-G. Eichhorn. *Gœttingen*, 1805, in-8, 6 tom. en 9 vol., cart.

149. Allgemeine Geschichte der Cultur und Litteratur des neuen Europa, von J.-G. Eichhorn. *Gœttingen*, 1798, in-8, 2 vol., cart.

150. Zur Geschichte und Litteratur, von G.-E. Lessing. *Braunschweig*, 1773, in-8, 6 vol., v. rel.

151. Geschichte der Poesie und Beredsamkeit seit dem Ende des dreizehnten Jahrhunderts, von Fried. Bouterweck. *Gœttingen*, 1801, in-8, 12 tom. en 6 vol., dem. rel.

152. Handbuch der Geschichte der poetischen National-Literatur der Deutschen, von G. Gervinus. *Leipzig*, 1743, in-8, dem. mar. rou.

153. Die Poesie und Beredsamkeit der Deutschen, von Luther's Zeit bis zur Gegenwart dargestellt von Fr. Horn. *Berlin*, 1822, in-8, 4 vol., cart.

POLITIQUE. — ÉCONOMIE POLITIQUE. — DROIT PUBLIC.

154. Restauration der Staats-Wissenschaft oder Theorie des

natürlich - gesclligen Zustands, von C. Lud. von Haller. *Wintherthur*, 1816, in-8, 1 vol., dem. v. f. *Grol*

155. Junius. *London, Bensley*, 1798, in-8, 2 vol., v. gr. dem.

156. The same. *London, Sharpe*, 1820, in-18, 2 tom. en 1 vol., v. bl. dent.

157. Cours complet d'économie politique pratique, par J. B. Say. *Paris*, 1828, in-8, 6 vol., dem. v.

158. An inquiry into the nature and causes of the Wealth of Nations, by Ad. Smith, with notes by Dav. Buchanan. *Edinburgh*, 1817, in-8, 4 vol., dem. v. ant.

159. Fr.-Chr. Jon. Fischer's Geschichte des teutschen Handels. *Hannover*, 1793, in 8, 4 vol., dem. v.

—————

160. Cours de droit public interne et externe, par S. Pinheiro-Ferreira. *Paris*, 1830, in-8, 2 vol., dem. v. n. rog.

161. L'ambassadeur et ses fonctions, par de Wicquefort, *Cologne*, 1690, in-4, 2 tom. en 1 vol., vél. — Mémoires et instructions pour les ambassadeurs ou lettres et négociations de Walsingham, trad. de l'angl. *Amst.*, 1700, in-4, vél.

162. De l'origine et des fonctions des consuls, par F. Borel. *St.-Pétersbourg*, 1807, in-8, dem. v. ant.

163. Manuel diplomatique, par le bar. C. de Martens. *Paris*, 1822, in-8, d. rel.

164. Histoire générale de la diplomatie française, par de Flassan, sec. édit. avec l'apologie. *Paris*, 1811-12, in-8, 8 vol., dem. rel.

165. Traité complet de Diplomatie, par un ancien ministre. *Paris, Treuttel*, 1833, in-8, 3 vol., dem. v.

166. Causes célèbres du droit des gens, rédigées par le bar. Ch. de Martens. *Paris*, 1827, in-8, 2 vol., dem. v. f.

—————

167. Bibliothèque historique et militaire, par Liskenne et Sauvan. *Paris*, 1838, gr. in-8, tom. 1 et 2, dem. mar. bleu.

HISTOIRE.

1. GÉOGRAPHIE. — HISTOIRE ANCIENNE.

168. OEuvres de d'Anville, publ. par de Manne. *Paris, I. R.*, 1834, in-4, 2 vol., et atlas gr. in-fol., dem. v. ant.

169. Vergleichendes Wœrterbuch der alten, mittleren und neuen Geographie, von Bischoff und Müller. *Gotha*, 1829, in-8, dem. rel.

170. Atlas universel de géographie ancienne et moderne, par Lapie. *Paris*, 1829, in-fol., 50 cartes, dem. v. ant.

171. Abrégé de Géographie, par Ad. Balbi. *Paris*, 1834, in-8, cart.

172. Beobachtungen auf einer Reise nach England, Westphalien, Holland und Frankreich, von A. H. Niemeyer. *Halle*, 1820-25, in-8, fig., 4 tom. en 5 vol., dem. v. f.

---

173. Joh. Gott. von Herder's Ideen zur Philosophie der Geschichte der Menschheit. *Leipzig*, 1821, in-8, 2 vol., dem. rel.

174. Vorlesungen über die alte Geschichte, von Fried. von Raumer. *Leipzig*, 1821, in-8, 2 vol., dem. v.

175. Bibliothèque historique de Diodore de Sicile, trad. par Miot. *Paris*, L. R., 1834, in-8, 7 vol., dem. mar. viol.

176. Histoire d'Hérodote, trad. par Miot. *Paris*, 1822, in-8, 3 vol., dem. mar. du lev.

177. Examen critique des anciens historiens d'Alexandre le Grand, par Sainte-Croix, sec. édit. *Paris*, 1810, in-4, fig., v.-rac. dent.

178. Rœmische Geschichte, von Niebuhr. *Berlin*, *Reimer*, 1827, in-8, 3 vol., dem. rel.

179. Geschichte des rœmischen Rechts im Mittelalter, von Fr. C. von Savigny. *Heidelberg*, 1815, in-8, 6 vol., dem. rel.

180. Sabina oder Morgenscenen im Putzzimmer einer reichen Rœmerin, von Bœttiger. *Leipzig*, 1806, in-12, fig., d. rel.

181. The history of the decline and fall of the roman empire, by Edw. Gibbon. *London*, 1818, in-8, 12 vol., dem. v.

II. HISTOIRE MODERNE GÉNÉRALE.

182. Geschichte der Kreuzzüge, von Fried. Wilken. *Leipzig*, 1807, in-8, 7 vol., dem. rel.

183. Handbuch der Geschichte des Mittelalters, von Fried. Ruehs. *Wien*, 1817, pet. in-8, 2 vol., dem. rel.

184. Allgemeine Geschichte der Vœlker und Staaten des Mittelalters, von H. Luden. *Jena*, 1821, in-8, 2 vol., dem. mar.

185. Stædtewesen des Mittelalters, von K. D. Hüllemann. *Bonn*, 1826, in-8, 4 vol., dem. v. f.

186. Das Gildenwesen im Mittelalter, von W. Ed. Wilda. *Halle*, 1831, in-8, cart.

187. Geschichte der drei letzten Jahrhunderte, von J. G. Eichhorn. *Hannover*, 1817, in-8, 6 vol., cart.

188. Tableau des révolutions du système politique de l'Europe depuis la fin du xve siècle, par Ancillon. *Paris*, 1823, in-8, 4 vol., cart.

189. Fürsten und Vœlker von Süd-Europa im sechszehnten und siebzehnten Jahrhunderte, von Leop. Ranke. *Berlin*, 1837, in-8, 4 vol., cart.

190. Geschichte der europæischen Staaten, herausg. von A. H. L. Heeren und F. A. Ukert. *Hamburg*, *Perthes*, 1840, in-8, 38 vol., dem. mar.

III. HISTOIRE DE FRANCE.

191. Environ 90 cartes de la France, publ. par le dépôt de la guerre.

192. Origines gauloises, par Latour d'Auvergne Corret. *Hambourg*, 1801, in-8, dem. v.

193. Annuaire historique, publ. par la Société de l'histoire de France, ann. 1837-51. *Paris*, *J. Renouard*, 1836-50, in-18, 15 vol., dem. v. rose et br.

194. De la collection, publ. par la Société de l'histoire de France. *Paris*, *J. Renouard*, 1836 et ann. suiv., gr. in-8, 45 vol., dem. mar. rou. et br. Savoir : Grégoire de Tours (texte en regard), 4 vol. — Eginhard, 2 vol. — Ville Hardouin, 1 vol. — Guillaume de Nangis, 2 vol. — Orderic Vital, 3 vol. — Coutume de Beauvoisis, 2 vol. — Histoire des ducs de Normandie et des rois d'Angleterre, 1 vol. — L'Ystoire de li Normant, 1 vol. — Philippes de Commynes, 3 vol. et notice. — Mémoires de Pierre de Fénin, 1 vol. — Mémoires et lettres de Marguerite de Valois, 1 vol. — Lettres du card. de Mazarin, 1 vol. — Vie de St.-Louis, 5 vol. — Régistres de l'Hôtel de Ville pendant la Fronde, 3 vol. — Bibliographie des Mazarinades, 2 vol. — Journal du règne de Louis XV, par Barbier, 2 vol. — Procès de Jeanne d'Arc, 5 vol., br. — Mémoires de Coligny-Savigny, 1 vol. — Lettres de Marguerite d'Angoulême, 1 vol. — Nouvelles lettres de la Reine de Navarre, 1 vol. — Richer, Histoire de son temps, 2 vol.

S'il n'est pas fait d'offres suffisantes pour la collection, chaque ouvrage sera vendu séparément.

195. Archives curieuses de l'histoire de France depuis Louis XI jusqu'à Louis XVIII, publ. par M. Cimber. 1re série. *Paris*, 1834, in-8, 15 vol., dem. mar. rou. — 2e série. *Paris*, 1837, in-8, 12 vol., dem. mar. rou.

196. Histoire de la révolution française, par Thiers. *Paris*, 1823-27, in-8, tom. 1 à 8, dem. v. n. rog.

197. Mémoires de Mad. Roland, édit. revue par J. Ravenel. *Paris*, 1840, 2 vol. — Lettres inédites de Mad. Roland, publ. par Aug. Breuil. *Ib.*, 1841, 2 vol. — Lettres autographes de Mad. Roland, publ. par Mad. H. Bancal des Issarts. *Ib.*, 1835, 1 vol.; ens. 5 vol., dem. mar. bl.

198. De M. de Jouy : L'hermite de la chaussée d'Antin, 5 vol. — Le Franc-parleur, 2 vol. — L'Hermite de la Guiane, 3 vol. — L'Hermite en Province, 14 vol. *Paris*, 1815-19, in-12, fig., 24 vol., v. ant.

199. Précis historique de la marine française, par Chassériau. *Paris, I. R.*, 1845, gr. in-8, 2 vol. dem. mar. du lev.

200. Letters written during a Tour through Normandy, Britanny and other parts of France in 1818, by Ch. Stothard. *London*, 1820, in-4, fig. noires et color., cart.

IV. HISTOIRE DE DIVERS PAYS D'EUROPE.

201. Histoire et description de la Suisse et du Tyrol, par Ph. de Golbéry. *Paris, F. Didot*, 1839, in-8, fig., dem. v.

202. Italie, par le chev. Artaud ; Sicile, par M. de la Salle. *Paris, F. Didot*, 1844, in-8, fig., dem. v.

203. Voyage sur la Scène des six derniers livres de l'Enéide, par de Bonstetten. *Genève*, an XIII, in-8, carte, dem. v.

204. The life of Lorenzo de'Medici, called the Magnificent, by W. Roscoe. *London*, 1797, gr. in-4, 2 vol., v. gr. fil.

205. Remarks on Antiquities, Arts and letters during an excursion in Italy, in 1802-03, by Jos. Forsyth. *London*, 1816, in-8, bas. fil.

206. Varias antiguedades de España, Africa, y otras Provincias, por Bern. Aldrete. *Amberes*, 1619, in-4, v. f.

207. Historia general de España, compuesta por el P. Juan de Mariana. *Amberes*, 1737, in-12, 16 vol., v. br.

208. Chroniques chevaleresques de l'Espagne et du Portugal, publ. par Ferdinand Denis. *Paris*, 1839, in-8, 2 vol., dem. v. bl.

209. History of the reign of Ferdinand and Isabella, the Catholic of Spain, by Will.-H. Prescott. *London, Bentley*, 1838, gr. in-8, 3 vol., rel. en percal.

210. Elogio de la reina catolica doña Isabel, por D. Diego Clemencin. *Madrid, Sancha,* 1821, in-4, dem. rel.

211. Guerra de Grenada hecha por Felipe II, contra los Moriscos, escrita por D. Diego de Mendoza. *Madrid,* 1674, petit in-4, dem. mar. rou.

212. Historia del Levantamiento, Guerra y Revolucion de España, por el Conde de Toreno. *Madrid,* 1835, gr. in-8, 5 vol., dem. mar. bl.

213. The Bible in Spain, or the journeys, adventures and imprisonments of an Englishman in an attempt to circulate the scripture in the Peninsula, by Geo. Borrow. *London, Murray,* 1847, gr. in-18, cart.

214. Vidas de Españoles celebres, por don Man. Jos. Quintana. *Madrid,* 1833, petit in-8, 3 vol., dem. cuir de Russie.

215. Travels in Portugal, by James Murphy. *London,* 1795, gr. in-4, fig., dem. v.

216. The history of England, by Dav. Hume and Smollett. *Oxford, Talboys,* 1826, in-8, 13 vol. cart.

217. Memoirs of Great Britain and Ireland, by J. Dalrymple. *London,* 1790, in-8, 3 vol., dem. v.

218. Paddiana, or Scraps and Sketches of irish life present and past. *London, R. Bentley,* 1848, petit in-8, fig., rel. en percal.

219. Deutsche Staats- und Rechtsgeschichte, von K.-F. Eichhorn. *Gœttingen,* 1821, in-8, 4 vol., dem. v. f.

220. Deutsche Rechts-Alterthümer, von Jac. Grimm. *Gœttingen,* 1828, in-8, dem. v.

221. Geschichte der Deutschen, von C.-A. Menzel. *Breslau,* 1815, in-4, fig., 8 tom. en 4 vol., dem. v.

222. Deutsche Sagen, herausg. von den Brüd. Grimm. *Berlin,* 1816, in-8, 2 vol., cart.

223. Deutsche Geschichte im Zeitalter der Reformation, von Leop. Ranke. *Berlin,* 1839, in-8, 5 vol., dem. v.

224. Die Ritterburgen und Bergschlœsser Deutschlands, von Fried. Gottschalck. *Halle,* 1815, in-12, fig., 9 vol., dem. v. f.

225. Rheinische Geschichten und Sagen, von Niklas Vogt. *Frankfurt a. M.,* 1817-36, in-8, 4 vol., dem. v. f.

226. Geschichte von Hessen, von Chr. Rommel. *Marburg,* 1820, in-8, 3 vol., cart.

227. Geschichte des hanseatischen Bundes, von G. Sartorius. *Gœttingen,* 1802, in-8, 3 vol., dem. v.

228. Friedrich der Grosse, eine Lebensgeschichte, von
J.-D.-E. Preuss. *Berlin,* 1832, in-8, 4 vol., dem. v. —
Urkundenbuch zu der Lebensgeschichte Friedrich's des
Grossen, von Preuss. *Ib.,* 1832, in-8, 5 vol., dem. v.

229. Die Denkwürdigkeiten meiner Zeit, 1778-1806, von
Chr. Will. von Dohm. *Lemgo,* 1814, in-8, 5 vol., dem. v.

230. Gemælde von Ungern, von Joh. Csaplovics. *Pesth,*
1829, in-8, 2 tom. en 1 vol., dem. v.

231. Geschichte der Westgothen, von Jos. Aschbach. *Frankfurt a. M.,* 1827, in-8, dem. rel.

232. Versuch einer Entwickelung der Sprache, Abstammung, Geschichte, Mythologie und bürgerlichen Ver-
hæltnisse der Lewen, Lætten, Esten, von J. L. von Parrot.
Stuttgart, 1828, in-8, 2 tom. en 1 vol. et atlas in-fol.,
dem. v.

233. Schwedens Urgeschichte, von Er. Gust. Geijer. *Sulz-
bach,* 1826, in-8, dem. mar.

234. Introduction à l'histoire de Dannemarc et l'Edda des
Islandais, par Mallet. *Copenhague,* 1755, in-4, dem. rel.
— Histoire de Dannemarc, par le même. *Ibid.,* 1758, in-4,
2 vol., bas.

235. Geschichte des russischen Reiches, von Karamsin.
Riga, 1820, in-8, 11 vol., dem. v.

236. P. S. Pallas' Bemerkungen auf einer Reise in die südlichen Statthalterschaften des russischen Reiches in 1793
und 1794. *Leipzig, Martini,* 1799, in-4, fig. color., 2 vol.
et atlas obl., mar. rou., fil. tr. dor.

V. HISTOIRE DES AUTRES PARTIES DU MONDE.

237. Bemerkungen auf einer Reise um die Welt in den J.
1803-7, von G. H. von Langsdorff. *Frankf. a. M.,* 1812,
in-4, fig., 2 vol., dem. v.

238. Umblick auf einer Reise von Constantinopel nach
Brussa und dem Olympos und von da zurück über Nicæa
und Nicomedien, von Jos. von Hammer. *Pesth,* 1818, pet.
in-4, fig., dem. v. f.

239. Constantinopolis und der Bosphoros, von Jos. von Hammer. *Pesth,* 1822, in-8, fig., 2 vol., dem. rel.

240. Geschichte des osmanischen Reiches, von Jos. von
Hammer. *Pesth,* 1827, in-8, 9 vol., dem. vél.

241. Reise in den Kaukasus und Georgien in 1807 und 1808,
von Jul. von Klapproth. *Halle,* 1812. — Kaukasische

Sprache. Anhang zur Reise..., von J. Klapproth. *Ib.*, 1814, in-8, 3 vol., dem. mar. vert.

242. The life of Baber, emperor of Hindostan, by Caldecott. *London, Darling,* 1844, in-8, cart., rel. en percal.

243. An account of an embassy to the court of the Teshoo Lama in Tibet, by capt. Sam. Turner. *London,* 1800, gr. in-4, fig., dem. rel.

244. Description de l'empire de la Chine et de la Tartarie chinoise, par le P. Du Halde. *Lahaye,* 1736, in 4, 4 vol., fig., dem. rel.

245. The middle kingdom; a survey on the chinese empire and its inhabitants, by S. Wells Williams. *London, Wiley,* 1848, pet. in-8, 2 vol., dem. mar.

246. The Nemesis in China, comprising a history of the late war in that country, from the notes of capt. W. H. Hall. *London, H. Colburn,* 1846, pet. in-8, fig., rel. en percal.

247. Histoire du Japon, par Charlevoix. *Paris,* 1754, in-12, 6 vol., fig., v. gr.

248. Entdeckungs-Reise in die Süd-See und nach der Bernigs-Strasse zur Erforschung einer nordœstlichen Durchfahrt, in den J. 1815-18, von Otto von Kotzebue. *Weimar,* 1821, in-4, 3 vol. et atlas, dem. v.

249. Travels in Egypt and Nubia, Syria and Asia Minor in 1817-18, by Ch. Leon. Irby and J. Mangles. *London,* 1823, in-8, fig. et cartes, dem. v.

250. Histoire de l'expédition des Français en Égypte par Nakonla el Turk, publiée et trad. par M. Desgranges, ainé. *Paris, I. R.,* 1839, in-8, dem. rel.

251. Travels in the interior districts of Africa in the years 1795-97, by Mungo Park. *London,* 1799, in-4, fig. v. gr.

252. Reisen im südlichen Afrika in den J. 1803-6, von H. Lichtenstein. *Berlin,* 1811, in-8, fig. 2 vol., dem. rel.

253. Reisen in Nubien, Kordofan und dem petræischen Arabien, von Ed. Rüppel. *Frankf. a. M.,* 1829, in-8, fig., dem. rel. et atlas in-4, obl. cart.

254. Reise zum Tempel des Jupiter Ammon in der lybischen Wüste und nach Ober-Egypten in den J. 1820-24, von Heinr. von Minutoli, herausgegeben von E. H. Tœlken. *Berlin, Rücker,* 1824, in-4, pap. vél. et atlas in-fol., dem. mar. vert.

255. Nachträge zu meinem Werke : Reise zum Tempel des Jupiter Ammon, von Minutoli. *Berlin,* 1827, in-8, fig. color., dem. rel.

256. Les voyages du Sieur de Champlain... en la nouvelle France. *Paris*, 1613, in-4; cartes, parch. (*taché*.)

257. Les mêmes. *Paris*, 1632, in-4, parch.

258. Exploratory travels through the Western territories of North America, by Zeb. Montg. Pike. *London*, 1811, in-4, cartes, dem. rel.

259. Account of an expedition from Pittsburgh to the Rocky Mountains in 1819-20, by Edw. James. *London*, 1823, in-8, 3 vol., fig. color., dem. v.

260. A condensed geography and history of the Western States, or the Mississipi Valley, by Tim. Flint. *Cincinnati*, 1818, in-8, 2 vol., bas.

261. Historia verdadera de la conquista de la nueva España, por el cap. Bernal Diaz del Castillo. *Madrid*, 1795, pet. in-8, 4 vol., dem. mar.

262. La Flórida del' Inca. Historia del Adelantado Hern. de Soto y de otros heroicos caballeros españoles e indios, escrita por el Inca Garcilasso de la Vega. *Madrid*, 1723, in-fol., bas.

263. Voyage historique de l'Amérique méridionale, par D. Geo. Juan et D. Ant. de Ulloa. *Amst.*, 1752, in-4, 2 vol., fig., dem. rel.

264. Historia antigua de Méjico, escrita por D. Mariano Veytia, publ. por Ortega. *Méjico*, J. *Ojeda*, 1836, in-8, 3 vol., bas.

265. Historia breve de la conquista de los estados independientes del Imperio mejicano, por Franc. Frejes. 1838, pet. in-4, dem. v.

266. Mananas de la Alameda de Mexico, por C. Mar. de Bustamante. *Mexico*. 1835, pet. in-4, 2 vol., dem. v.

267. Los tres siglos de Mexico durante el gobierno español, obra escrita por el P. And. Cavo, publ. con notas C. Mar. de Bustamante. *Mexico*, 1836, pet. in-4, 3 tom. en 2 vol., bas. fil.

268. Mexico, by H. G. Ward. *London*, *Colburn*, 1829, in-8, 2 vol., cart. et fig., rel. en percal.

269. Descripcion de las dos piedras que con ocasion del nuevo empedrado que se esta formando en la plaza principal de Mexico se hallaron en ella el a. de 1790, por D. Ant. de Leon y Gama, data á luz con notas C. Mar. de Bustamante. *Mexico*, 1832, pet. in-4, fig., dem. v.

270. Nouveau voyage aux Isles d'Amérique, par le P. Labat. *Paris*, 1742, in-12, 8 vol., fig., v. m.

271. Thomas Morus aus den Quellen bearbeitet, von G. Th. Rudhart. *Nürnberg*, 1829, in-8, dem. rel.

272. Vie de l'amiral Duperré, par Chassériau. *Paris, I. Nat*, 1848, gr. in-8, br.

273. Joh. Heinr. Jung's, genannt Stilling, Lebensgeschichte. *Stuttgart*, 1835, in-8, dem. mar. rou.

274. Heinrich der Lœwe, Herzog der Sachsen und Bayern ; ein biographischer Versuch von C. W. Bœttiger. *Hannover*, 1819, in-8, dem. rel.

____

275. Historisch - biographisches Lexicon der Tonkünstler, von E. Lud. Gerber. *Leipzig*, 1790, gr. in-8, 6 vol., dem. rel.

POLYGRAPHIE.

276. OEuvres complètes de Lafontaine, avec sa vie par M. Walkenaer. *Paris, Nepveu*, 1820, in-18, 18 vol., pap. vél., fig., dem. mar. rou., n. rog.

277. OEuvres de Montesquieu, publ. par Destutt de Tracy. *Paris, H. Ferel*, 1827, in-8, 8 vol., dem. v.

278. OEuvres de Denis Diderot. *Paris, Brière*, 1821, 24 vol. — OEuvres inédites. *Ib.*, 1821, 1 vol. — Vie de Diderot, par Naigeon. *Ib.*, 1821, 1 vol., ens. 26 vol., dem. v. f.

279. OEuvres complètes de Voltaire. *Kehl, Soc. Typogr.*, 1785, 70 vol. — Table, par Chantreau. *Paris*, 1801, 2 vol. —Supplément au recueil de lettres. *Paris, Xhrouet*, 1808, 2 vol ; ens. 74 vol., gr. in-8, pap. vél., fig., dem. rel.
  Les deux volumes de table sont sur papier et de format ordinaires.

280. OEuvres de Lacretelle aîné. *Paris*, 1823, in-8, 6 vol., cart.

281. OEuvres de Duclos. *Paris, Cotelle*, 1820, in-8, 9 vol., dem. v.

282. Opere de Nic. Macchiavelli. 1796, in-8, 8 vol., bas.

283. The works of Will. Robertson. *London*, 1822, in-8, 12 vol., v. gauffré fil.

284. Gotth. Ephr. Lessing's Sæmmtliche Schriften. *Berlin*, 1771-94, in-18, 30 vol., dem. rel. — G. E. Lessing's Le-

ben, herausg. von C. G. Lessing. *Berlin*, 1793, in-18,
3 vol., dem. rel. — Lessing's Gedanken und Meinungen,
von Fried. Schlegel. *Leipzig*, 1804, in-18, 3 vol., dem.
rel.

285. Schriften von K. V. von Bonstetten, herausg. von
Fried. Matthisson. *Zürich*, 1793, in-18, 4 tom. en 5 vol.,
dem. v.

286. Geo. Chr. Lichtenberg's Vermischte Schriften. *Gœt-tingen*, 1800, in-12, 9 vol., dem. v. f.

287. Gœthe's Werke. *Tübingen, Cotta*, 1806, in-8, 20 vol.,
dem. rel. — Zur Beurtheilung Gœthe's, von Schubarth.
Breslau, 1820, in-12, 2 vol., cart.

288. Schiller's Sæmmtliche Werke. *Stuttgart, Cotta*, 1835,
in-8, pap. vél., 12 vol., dem. mar. rou.

289. M. A. von Thümmel's Sæmmtliche Werke. *Leipzig*,
1811, petit in-8, 7 vol., cart.

290. Joh. von Müller, Sæmmtliche Werke, herausg. von
J.-G. Müller. *Tübingen*, 1810-19, pet. in-8, 27 vol., dem. v.

291. Auswahl des Besten aus Fried. Rochlitz's Sæmmtlichen
Schriften. *Züllichau*, 1821, in-8, 6 tom. en 3 vol., dem.
v. f.

292. Fried. Schlegel's Sæmmtliche Werke. *Wien*, 1822,
in-8, 10 tom. en 5 vol., dem. v.

293. Historische Werke, von A. H. Lud. Heeren. *Gœttingen*,
Rœver, 1821, in-8, 15 vol., dem. v.

---

294. Lettres de la marquise du Deffand à Horace Walpole.
Paris, 1827, in-8, 4 vol., bas. — Correspondance inédite
de Mme du Deffand. *Paris*, 1809, in-8, 2 vol., bas.

295. Briefwechsel zwischen Schiller und Gœthe in den J.
1794-1805. *Stuttgard*, 1828, gr. in-18, 6 tom. en 3 vol.,
dem. v.

296. Joh. Geo. Fœrster's Briefwechsel : nebst einigen Nach-richten von seinem Leben. *Leipzig*, 1829, in-8, 2 vol.,
dem. v.

---

297. Collection de documents inédits sur l'histoire de France.
Paris, I. R, 1835 et ann. suiv., in-4, 54 vol. d.-rel. — Rap-ports, 1 vol. — Relation des ambassadeurs vénitiens, 2 vol. —
Correspondance de Sourdis, 3 vol. — Réglement sur les arts
et métiers de Paris, 1 vol. — Croisade contre les Albigeois,
1 vol. — Journal des États-Généraux, 1 vol. — Ouvrages
inédits d'Abeilard, 1 vol. — Chroniques des ducs de Norman-

die, 3 vol. — Paris sous Philippe-le-Bel, 1 vol. — Procès des Templiers, 2 vol. — Chronique de Bertrand Duguesclin, 2 vol. — Lettres des rois, reines, etc., tome 1er. — Archives de la ville de Reims, 5 vol.—Conseil de régence de Charles VIII, 1 vol. — Mém. mil. sur la succ. d'Espagne, 6 vol. — Négociations rel. à la succ. d'Espagne, 4 vol. — Les Olims, 3 vol.— Chroniques de Saint-Denis, 5 vol. — États-Généraux de 1593, 1 vol.— Papiers d'État du cardinal de Granvelle, 5 vol. — Négociations entre la France et l'Autriche, 2 vol.— Lettres de Henri IV, 3 vol.

S'il n'est pas fait d'offre suffisante pour cette collection, chaque ouvrage sera vendu séparément.

298. Collection orientale :

1° Le Bhâgavata purâna, ou Histoire poétique de Krichna, trad. et publ. par M. Eug. Burnouf. *Paris, I. R.*, 1840, gr. in-fol., pap. vél., 3 vol. cart.

2° Le livre des Rois, par Abou'lkasim Firdousi, publ., trad. et commenté par M. J. Mohl. *Paris, I. R.*, 1838, gr. in-fol., pap. vél., 3 vol., cart.

3° Histoire des Mongols de la Perse, écrite en persan par Raschid-Eldin, publ., trad. en franç., avec des notes, par M. Quatremère. *Paris, I. R.*, 1836, gr. in-fol., pap. vél., tom. 1er, cart.

Ce numéro sera divisé.

---

299. Allgemeine deutsche Real-Encyclopædie für die gebildeten Stænde (Conversations-Lexikon). *Leipzig, Brockhaus*, 1833, in-8, 12 vol., dem. rel.

300. Conversations-Lexikon der Gegenwart. *Leipzig, Brockhaus*, 1836, in-8, 4 tom. en 5 vol., dem. rel.

FIN.